季節の恵みと身近な素材でつくる

かるべけいこの やさしいおやつ

はじめに

わたしが子どもの頃、共働きで忙しかった母は、おやつを手づくりする時間がありませんでした。友だちの家でふかしいもをごちそうになったとき、たかがふかしいもですが、おかあさん手づくりのおやつが、うらやましかったのを覚えています。

手づくりのおやつに憧れていたわたしは、小学生の頃、仕方なく（？）時間があると自分でつくっていました。父は、オーブンやハンドミキサーなど、少しずつ道具を揃えてくれました。そのおかげで、つくれるお菓子のレパートリーが増え、どんどんたのしくなりました。ある程度きちんと計量していれば、見た目はともかく、あまり失敗せずにつくれるお菓子づくりが大好きでした。

お菓子づくりは、料理とは違ってかならずつくらなきゃいけないものではないので、気持ちにゆとりのあるときにしか、つくれない気がします。でも、この本で紹介しているおやつは、子育て中の方や、毎日仕事で忙しい方など、ゆっくりした時間を持てない方でもつくれるように、基本的にはどれも簡単なものばかり。

ちょっと手のかかるものでも、どこか手間を省いて、つくりやすくしています。なかには、「えっ？　これだけ？」と言われそうな手順のものもありますが、おいしければいいんです！　少しの手間とたっぷりの愛情が注がれたおやつを食べると、こころがほっこりして豊かな気分になれます。

それぞれのページにもつくるときのポイントを書いているので、じっくり読んで、写真を眺めて、頭の中でしっかり想像してつくってみてください。目安として分量を書いてはいますが、季節によって粉の水分含有量が違ってくるし、火加減によっても水分の蒸発の仕方が違ってきます。だから、分量にとらわれず、素材の表情や様子を読み取って、五感を使ってつくることが大切です。

手づくりのおやつをつくってあげる時間のないおかあさんは、この本を子どもに渡してください。わたしのように、自分でつくるようになるかもしれませんよ。

かるべけいこ

もくじ

おなか満足

ごはんみたいなおやつ

凡例
＊レシピ中、BPはノンアルミニウム・ベーキングパウダーのことです。
＊豆乳は、成分無調整のものをご使用ください。
＊蒸し器を使うときは、とくに記載のない場合、充分に蒸気のたった状態で。
＊オーブンを使うときは、予熱をしてください。
＊蒸し器や型には、パラフィン紙やオーブンシートなど、適宜ご使用ください。
＊1カップ＝200cc
1合＝180cc
大さじ1＝15cc
小さじ1＝5cc
で計量しています。

からだにおいしい

野菜・豆・木の実のおやつ

いきなり団子は、熊本県の郷土のおやつです。農繁期の忙しい時期にすばやくつくれ、さつまいもをあんにせず、輪切りにしたものをそのまま使うことから名前がつけられたようです。つぶあんを入れずにあっさり仕上げたり、さつまいもを少し甘く煮て入れたり、つくるひとによってさまざまです。

きれいに包むために、生地をのばしても破れないくらいまで小麦粉をしっかりこねてくださいね。

いきなり団子

材料（4個分）

薄力粉——80g
塩——ひとつまみ
水——適量
つぶあん——80g
さつまいも
——1cm厚の輪切り4枚

つくり方

1 小麦粉に塩を入れ、水を加えて耳たぶくらいのかたさになるまで、よくこねる。
2 **1**を4等分し、ひとつを手のひらの上で薄くのばす。
3 **2**に1/4量のつぶあんをのせ、その上にさつまいも1枚を置き、生地を薄くのばしながら包む。
4 同様に3個つくり、15分蒸す。

ごぼうクッキー

このクッキーは、焼いている間はみその香りがしますが、焼きあがると、言われないと気づかないくらいです。それでも、みそを少し加えることで、その塩分により甘さが引き立ち、味に深みが出ます。

ごぼうは、皮をむいたり水にさらしてあく抜きしたりすると、せっかくの風味が半減するので気をつけてください。洗うときにも、やさしく洗ってくださいね。そうすることで、ごぼうの滋味深い風味が口の中に広がるクッキーになり、食べるとほっこりした気分になります。

材料（3㎝角25枚分）
全粒粉——100g
きび砂糖——25g
ごぼう——30g
なたね油——5cc＋20cc
水——20cc
みそ——小さじ1

つくり方

1 ボウルに全粒粉ときび砂糖を入れ、混ぜる。
2 ごぼうはちいさめのささがきにして、フライパンになたね油5ccをひいて炒める。
3 ごぼうがしんなりしたら火をとめ、水を加えてみそを溶きいれる。
4 **1**になたね油20ccと**3**を加えて、混ぜる。
5 ひとかたまりになったらオーブンシートの上で押しひろげ、お好みの大きさに切る。
6 170度のオーブンで焼き色がつくまで18～20分焼く。

おいも蒸しパン

霜が降りはじめた頃に収穫されたさつまいもは、とても甘く、しあわせな気分にしてくれます。この頃になると、息子が五右衛門風呂をわかしながら、さつまいもをアルミホイルに包んで焚き口に放りこみ、焼きいもをつくります。

蒸しパンは、簡単につくれるおやつの代表です。失敗しないコツは、混ぜたらすぐに蒸せるように蒸し器の用意をしておくことと、一気に蒸しあげることです。途中でふたを開け冷たい空気にふれさせると、ふくらみがわるくなります。

材料（4個分）

全粒粉──150g
BP──小さじ$\frac{1}{2}$
黒砂糖──40g
塩──ひとつまみ
水──100cc
レモン汁──小さじ$\frac{1}{2}$
さつまいも──200g

つくり方

1　ボウルに全粒粉とBPを入れ、泡立て器で混ぜる。
2　別のボウルに黒砂糖と塩を入れ、水を加えて溶かし、レモン汁も混ぜあわせておく。
3　さつまいもは、1cm角のさいの目切りにする。
4　**1**に**2**を加え、さっくり混ぜる。
5　ある程度混ざったら、**4**に**3**を加えて混ぜ、4等分し、強火で20分蒸す。

ほうれん草蒸しパン

栄養たっぷりの蒸しパンにするためには、ほうれん草は、沸騰した熱湯にさっとくぐらせるつもりで茹でます。そうするとアクが抜け、栄養は流れにくいです。

茹でたほうれん草は、冷水に取るのではなくザルに広げて冷まし、水気を切る程度で使います。そうすることで、栄養を捨てずにすみます。

材料（4個分）

ほうれん草――50g
水――70cc
てんさい糖――40g
塩――ひとつまみ
全粒粉――100g
BP――小さじ1/3
レモン汁――小さじ1/2

つくり方

1 ほうれん草は、茹でてザルに取り冷まし、1cm程度に切っておく。
2 水に、てんさい糖と塩を溶かす。
3 **1**と**2**を合わせて、ミキサーにかける。
4 ボウルに全粒粉とBPを入れ、泡立て器で混ぜる。
5 **4**に**3**とレモン汁を加えて手早く混ぜ、型の8分目くらいまで注ぎ、15分蒸す。

お月見かぼちゃ団子

わたしの住んでいる地域では、十五夜の晩、子どもたちだけで懐中電灯を片手に各家庭を回り、お月見のごあいさつと称してお菓子をもらいます。ふかしいもやお団子といった手づくりのおやつもあれば、市販のスナック菓子、ときにノートなど、リュックにつめて持ちかえってきます。

このお団子はきれいな黄色に仕上げるために、かぼちゃの皮を厚めにむきますが、皮には栄養がたっぷりつまっています。捨てずに、きんぴらにしたり、かき揚げの具にしたりして、食べてあげてくださいね。
材料（20個分）
かぼちゃ（正味）——100g
塩——ひとつまみ
白玉粉——65g
きび砂糖——10g

つくり方

1 かぼちゃは厚めに皮をむき、ひと口大に切る。
2 **1**に塩をふり、しばらく置いた後、やわらかくなるまで蒸し、つぶす。
3 白玉粉ときび砂糖をボウルに入れ、**2**を加えてダマがなくなるまでよくこねる。
4 **3**を食べやすい大きさに丸め、沸騰した湯で茹でる。
5 団子が浮いてきたらさらに1〜2分茹で、冷水に取り、ぬめりを取る。

さつまいもスティック

さつまいもの自然な甘みをいかすため、砂糖ではなく塩をふること、そして、低い温度から揚げはじめ、ゆっくり火を通していくことで、甘みを最大限に引き出すことができます。

　さつまいもを切った後、ザルに広げて3時間くらい天日に干すと、余分な水分が抜けておいしくなるうえ、表面がカリッと仕上がりやすくなります。

材料

さつまいも——適量
なたね油——適量
塩——適量

つくり方

1 さつまいもは、1cm角の拍子木切りにする。
2 なたね油を160度くらいに温め、**1**を入れる。
3 徐々に油の温度を上げていき、さつまいもの表面がカリッとするまで揚げる。
4 火が通ったら、油を切り、熱いうちに塩をふる。

イチゴ大福

材料（4個分）
イチゴ――4個
水――80cc
白玉粉――40g
てんさい糖――20g
打ち粉（片栗粉）――適量

つくり方
1 イチゴはへたを切り取る。
2 鍋に水を入れ、白玉粉とてんさい糖をよく溶かす。
3 **2**を火にかけて、木べラで鍋底からかき混ぜ続ける。
4 **3**がひとかたまりになってきたら弱火にして、透明感が出るまでねり、打ち粉をしたバットに取る。
5 **4**が冷めたら、4等分し、イチゴを包む。

このイチゴ大福は、あんなしの簡単なタイプです。ひと手間省けるうえに、包みやすいのです。あんを入れない代わりに、ほんのり甘いぎゅうひで包みます。

ぎゅうひをねっているときの火加減によっては、水分が蒸発してかたくなります。ねっている段階でかたいようであれば、大さじ1程度の水を足しても大丈夫です。イチゴとぎゅうひの一体感を出すため、包むときにはぎゅうひにイチゴのとがっているほうをつけ、ぎゅうひをのばしながら包んでください。

ほしいも

収穫してすぐ食べるより、寝かせることでぐっと甘みが増すさつまいも。そういうわけで、秋よりしっかり寒くなった冬につくるほうが、おいしくできます。また冷たい北風のおかげでさらに甘くなるので、ぜひ寒い日につくってくださいね。

干している間にも、つまみ食いで少しずつ減っていくので（わがやだけかもしれませんが）、たくさんつくることをおすすめします。その場合は、時間はかかりますが、さつまいもを丸ごと蒸してから切る方法もあります。

材料

さつまいも――適量

つくり方

1 さつまいもは、洗って8㎜厚の輪切りにする。
2 蒸し器に**1**を並べ、水から火にかける。
3 蒸しあがったら、ザルに広げて天日干しにする。
4 1日1回は裏返し、乾燥するまで約1週間干す。
＊そのままでも食べられますが、焼くとさらにおいしくなります。

ミニトマトのシャーベット

材料
ミニトマト──適量
お好みでメープルシロップ

つくり方
1 ミニトマトは、へたを取り、凍らせる。
2 凍ったら、さっと流水にあて、皮をむく。
3 半分に切り、器に盛り、お好みでメープルシロップをかける。

大きなトマトも同じですが、凍らせると、実がはじけて、だいたい皮に亀裂が入ります。そこで、さっと水をあてると、皮の部分だけが解凍され、手で簡単に皮がつるんとむけます。湯むきするより楽だし、このやり方のほうが、皮だけがむけます。ただし、水に浸けすぎると、実の表面がやわらかくなり、見た目がわるくなるので、気をつけてくださいね。

トマトジュース

真っ赤なトマトジュースをつくるポイントは、完熟トマトを使うことと、鉄製の包丁や鉄鍋を使わないことです。鉄製のものを使ってしまうと、オレンジ色のトマトジュースになってしまいます。

粗みじんにした後につぶしておくと果汁が出やすいので、火にかける前にわがやでは、子どもに手でぐちゃぐちゃしてもらいます。

火にかけすぎると水分が蒸発してしまうので、ほどほどに。

材料（4人分）
完熟トマト（大）——3個
塩——適量

つくり方
1 トマトは粗みじんに切る。
2 **1**を鍋に入れ、強火にかける。
3 沸騰したら弱火にし、トマトに火が通るまで煮る。
4 **3**をザルでこし、皮と種を取りのぞく。
5 **4**に、塩を少し加えて味をととのえ、冷やす。

おはぎ

小豆はきちんと煮えていない状態で甘みを加えると、その後いくら煮てもやわらかくならないので、しっかりやわらかくなってから、甘みを加えてください。冷めるとかたくなるので、ねりあげるときには、少しゆるいくらいで火をとめます。

　小豆は茹でこぼしをするのが一般的ですが、その手間を省いて煮ることで、栄養たっぷり、風味豊かになります。

　お鍋でコトコト小豆を煮るこころのゆとり、ぜいたくな時間に思えます。

材料（ちいさめのもの8個分）

もち米——$\frac{1}{2}$合
水——$\frac{1}{2}$合＋1カップ強
小豆——70g
黒砂糖——35g
塩——ひとつまみ

つくり方

1　もち米は、さっと洗って水気を切り、水$\frac{1}{2}$合に最低でも1時間は浸けてから炊く。

2　小豆は洗って水1カップ強を加えてやわらかくなるまで煮る。

3　**2**に黒砂糖と塩を加えて、つぶしながら混ぜる。

4　**3**を焦がさないように混ぜながら、余分な水分を飛ばし、冷まして8等分にする。

5　**1**をすりこぎなどでついて粘りを出し、8等分にして丸める。

6　**4**のあんで**5**を包む。

粟餅ぜんざい

九州では、茹でた小豆をこさずに粒が入っているものをぜんざいと呼んでいるのですが、場所が違えば、これをおしること呼ぶのだとか。

水分量も記載していますが、あくまで目安です。火にかけている時間が長かったり火力が強かったりすると、水分が多く蒸発することがあるので、味つけする前に濃度を調節してくださいね。

小豆は半分くらいはつぶれていたほうがおいしいので、火が通った時点で、すりこぎやお玉を使ってつぶしてください。

材料（2人分）

小豆――$\frac{1}{2}$カップ
水――2カップ＋$\frac{1}{2}$カップ
黒砂糖――30g
塩――ひとつまみ
もち粟――$\frac{1}{4}$カップ

つくり方

1 小豆と水2カップを鍋に入れて強火にかける。沸騰してきたら弱火にして、やわらかくなるまで煮る。

2 **1**に黒砂糖と塩を加える。

3 別の鍋にもち粟と水$\frac{1}{2}$カップを入れる。弱火で炊き、やわらかくなったらすりこぎなどでついて粘りを出す（水分が蒸発しすぎたときには、途中で水を加えてもよい）。

4 **2**を器に注ぎ、**3**を丸めてのせる。

イチゴのソテー

イチゴは、少し焼くことで、さらに甘く香りもぐっとよくなっておいしくなります。ただし、焼きすぎるとやわらかくなりすぎてしまい、せっかくのイチゴの歯ごたえが台無しになってしまいます。切った面は少しトロッとするくらいに焼いてもいいのですが、裏返したら、温める程度に焼くつもりで。

焼いているときの甘い香りだけでも、充分しあわせになれますよ。

材料

イチゴ——適量
お好みでメープルシロップ

つくり方

1 イチゴは、洗ってへたを取り半分に切る。
2 フライパンを温め、**1**を切った面を下に、並べて焼く。
3 甘い香りがしてきたら裏返して、さっと焼く。
4 器に盛り、お好みでメープルシロップをかける。

メロンシャーベット

わたしが暮らす熊本県はメロンの産地なので、農家の友人からメロンをたくさんいただくことがあります。そんなとき、一度に食べるのがもったいなくてシャーベットにして夏の間少しずつたのしみます。

糖分を加えていないので、食べてものどが渇かず、メロンをそのまま食べるより量も少なくてすみます。暑い日の昼下がりに、ひとつほおばれば、すうっと涼しくなりますよ。

材料

メロン――適量

つくり方

1 メロンは、食べやすい大きさに切るか、スプーンなどを使ってくりぬく。

2 バットに**1**を並べて冷凍し、凍ったら保存袋に入れ、冷凍保存する。

ソイヨーグルト

発酵させていないので「もどき」ですが、食べたいときにすぐつくれる豆乳ヨーグルトです。レモンのおかげで豆乳臭さが消え、酸味も加わり、まるでヨーグルトです。

わがやの子どもたちは、ジャムをつくるとこのヨーグルトを食べたがります。春にはイチゴ、初夏には梅、秋にはブルーベリーと、季節に合わせたジャムづくりにも、トライしてみてはいかがでしょう。

材料（1人分）
豆乳──100cc
レモン汁──小さじ1
お好みでジャムやメープルシロップなど

つくり方
1 豆乳にレモン汁を加え、とろみがつくまで混ぜる。
2 器に盛り、お好みでジャムやメープルシロップなどをかける。

しゃりしゃりスイカ

大きなスイカが手に入って、食べきれないなぁというときにおすすめのおやつです。

ミキシングしたスイカを凍らせるときは、バットを事前に冷凍庫で冷やしておくことはもちろんですが、20分くらい凍らせたところでかき混ぜると、早く凍ります。

スイカは水分が多いので、凍らせるとしゃりしゃり感が出て、暑い日にはぴったりのおやつです。

材料（4人分）

スイカ（正味）——300g

メープルシロップ

——大さじ2

レモン汁——小さじ1

塩——ひとつまみ

つくり方

1 スイカは、果肉をひと口大に切り、種を取りのぞく。

2 ミキサーに、材料をすべて入れて混ぜる。

3 バットに流し入れ、冷凍庫で冷やしかためる。

4 かたまったら、スプーンでほぐしながら器に盛る。

栗のおやつといえば、いちばん簡単なのが、ゆで栗です。子どもの頃、ゆで栗を包丁で半分に切り、お匙ですくって、無心で食べた記憶があります。

渋皮煮をつくるときは新鮮な栗のほうがいいのですが、ゆで栗は、天日で干したほうが、水分が少し抜け、甘みが増し、歯ごたえもよくなります。おひさまのおかげで、甘栗のような仕上がりになります。渋皮も取れやすくなるので、半分に切ってお匙ですくっても、ポコンとはずれますよ。

ゆで栗

材料

栗

つくり方

1 栗は、天気のいい日に3日間くらい干す。

2 鍋に栗を入れ、しっかりとかぶるくらいに水を入れ、強火にかける。

3 沸騰してきたら20〜30分くらい、火が通るまで茹で、皮をむく。

栗ようかん

わがやの庭には栗の木があるので、収穫時期になると毎日栗拾い。渋皮煮をつくろうとして鬼皮むきに失敗したものを、はちみつで煮て甘露煮に。その甘露煮を使って栗ようかんにするのです。

小豆をしっかりつぶせばねりようかん、粒を残せば水ようかんのような食感になります。わたしは小豆の粒が好きで、半分くらい残すので、温かいうちに流すと小豆が沈み、2層になります。そして、小豆が沈んだ後に、栗を並べるように加えていきます。

材料（5cm×21cmの流し缶1個分）

小豆――50g

水――200cc＋125cc

黒砂糖――50g

粉寒天――2g

栗の甘露煮――50g

つくり方

1　鍋に小豆と200ccの水を入れ火にかけ、小豆がやわらかくなるまで煮る。

2　**1**を少しつぶし、黒砂糖を混ぜる。

3　**2**を計り、125ccになるように水（分量外）を加えて調節する。

4　別の鍋に水125ccと粉寒天を入れ火にかけ、寒天を煮溶かす。

5　**3**と**4**を混ぜて流し缶に入れ、栗の甘露煮も加え、氷水に浮かべて冷やしかためる。

にんじんケーキ

このにんじんケーキは、手早く簡単に焼きあげることができます。卵を使わないので泡立てる手間もかからず、なたね油を使うため、バターやマーガリンを常温に戻す必要もありません。

食べたいと思ったら、すぐに焼けて、にんじんたっぷりですから、おやつだけでなく朝食にも。かわいらしいデコレーションをしてクリスマスケーキにしたり、パーティーのお土産にしたりしても、喜ばれると思います。

材料（4個分）

にんじん——160g
レモン汁——小さじ$\frac{1}{2}$
全粒粉——150g
BP——小さじ2
メープルシロップ
——150cc
なたね油——100cc
塩——ひとつまみ

つくり方

1 にんじんはすりおろし、レモン汁を混ぜておく。

2 ボウルに、全粒粉とBPを入れ、泡立て器でよく混ぜる。

3 別のボウルに、メープルシロップとなたね油、塩を入れ混ぜる。

4 **3**に**1**を加えて混ぜたものを、**2**に加えてさっくり混ぜる。

5 型に、8分目くらいになるように注ぐ。

6 180度のオーブンで20分焼く。

阿蘇での暮らし

大学を卒業して一年半、結婚して半年も経っていないある日、突然の、夫の「農業するぞ宣言」。仕事もしていましたし、最初は冗談かと思ったのですが、どうやら本気。無農薬有機栽培で、まずは自分たちの食べる分を自給自足したいという考えを聞き、自分たちでつくったら、さぞかしおいしい野菜ができるんだろうなぁと、食いしん坊のわたしは素直にそう思い、すぐさま同意しました。

当時、福岡市内に住んでいたのですが、福岡近郊では、家も畑もなかなか空きはありませんでした。そして、二転三転しながら、縁があったのか、移住先を探しはじめて4ヶ月後、熊本県の南阿蘇に移住してきました。

自然農法を目指していたので雑草もすごく、最初は、野菜の種をまいて芽が出てきても、それが野菜なのか雑草なのかもわからずにいたのですが、いまでは、当たり前に種まきをし、収穫できるようになりました（と言っても、畑仕事は夫に頼りきりですが）。もちろん、自然は厳しくいろいろなことがありますが、自分たちが食べる分くらいは、何とかなっています。

南阿蘇で自給自足の暮らしをするようになり、自然の厳しさもそうですが、自然に対するありがたみを感じるようになりました。いまでは野菜が大好きなわたしですが、正直、大人になるまで野菜ぎらいだったので、野菜のおいしさにも気づくことができました。また、寒暖の差が激しい南阿蘇に住んでいることは、料理をつくるうえで、本当にプラスになりました。

標高が400メートルくらいあるところなので夏は涼しくていいのですが、冬の寒さはかなり厳しいうえに、古民家なのですきま風もすごいのです。でも、寒い日にごはんを食べるとぽかぽかすることや、切り干し大根やほしいもや漬けものなどは、寒いからこそ、さらにおいしくなってくれることに気づけました。

南阿蘇での暮らし、この家での暮らしがなければ、いまのわたしはなかったように思います。この土地、この家に出合えたことに感謝しています。

小麦以外にも、こんなに！

粉を使った和のおやつ

冷たいおやつが食べたいけれど、からだを冷やしたくない……。そんなときにおすすめなのが、からだを内側から温めると言われる葛粉を使った葛餅です。
　つくるときのポイントは、かたまりが残っているとダマができてしまうので、火にかける前に、しっかり葛粉を溶かすことです。流し缶に入れてラップをするときには、熱いうちに直接ピタッとつけてください。葛餅の表面が乾燥することなくきれいに仕上がります。

葛餅

材料（11cm×14cmの流し缶1個分）

葛粉——1/4カップ（約40g）
水——1と1/2カップ
黒蜜
　黒砂糖——大さじ4
　水——大さじ2
きな粉——適量

つくり方

1 鍋に、葛粉と水を入れ、ダマがなくなるまでしっかり溶かす。
2 1を火にかけ、沸騰するまで木ベラで鍋底から混ぜる。
3 沸騰したら弱火にして、3分ほどねる。
4 後で取り出しやすくするため、さっと水にくぐらせた流し缶に3を流しこむ。
5 表面を平らにしたらラップをして、氷水に浮かべて冷やしかためる。
6 黒蜜をつくる。鍋に黒砂糖と水を入れて火にかけ、黒砂糖を煮溶かし、冷ます。
7 5がかたまったら切り分け、器に盛り、黒蜜ときな粉をかける。

そばかりんとう

10割そばを手打ちするのはそれなりの技術が必要ですが、そばかりんとうなら、簡単に10割でつくることができます。

水分量を記載していますが、あくまで目安です。押しひろげたときに生地が割れない程度のかたさになるよう、調節してくださいね。

揚げるときのポイントは、油に入れるときにほぐすようにして一度に入れ、揚げている最中は絶えずかき混ぜることとです。そうすると均一に火が通ります。ときどき大きくかき混ぜて、空気にふれさせながら揚げると、焦げにくくなります。

材料

そば粉──80g
ぬるま湯──40cc
打ち粉(そば粉か強力粉)
──適量
揚げ油──適量
塩──適量

つくり方

1 そば粉にぬるま湯を回しかけ、手でほぐすように、全体に水分をいきわたらせる。
2 **1**をひとかたまりになるようにこねる。
3 打ち粉をしたまな板などに**2**をのせ、麺棒で3mmくらいの厚さにのばす。
4 **3**を幅3mm、長さ5cmの細切りにする。
5 180度の油で3分ほど、ほんのり色づく程度に揚げる。
6 熱いうちに、塩をふる。

はったい粉ソフトキャンディー

このキャンディー、見た目はキャラメルを思わせますが、食感はソフトキャンディーで、食べるとどこか懐かしい和風テイストです。
生地が、ひとかたまりになったら、ベタつかないのでのばしやすく、包丁で簡単に切ることができます。

材料（20個分）

水――30cc
メープルシュガー――40g
はったい粉――40g
すりごま（白）――大さじ1と1/2

つくり方

1 鍋に、水とメープルシュガーを入れて火にかけ、メープルシュガーを溶かす。
2 **1**が煮立ってきたら火をとめ、はったい粉とすりごまを加えて手早く混ぜる。
3 **2**を1cm厚くらいに手で押しひろげ、2cm角に切る。

黒糖ういろう

ういろうは、地方によって材料や食感が少しずつ違います。家族みんなが大好きなので、ういろうが有名なところに行くと、かならずと言っていいほどお土産に買ってしまいます。

この黒糖ういろうはしっかり弾力があります。腹もちがいいので食べすぎないようにしましょう。

ちいさなダマが残りやすいので、流し缶に流しこむ前に一度こしておくと、きれいにできます。こし器に残ったダマは、ゴムベラなどを使って裏ごしすると、材料がむだになりません。
材料（11cm×14cmの流し缶1個分）
白玉粉——20g
葛粉——15g
黒砂糖——50g
塩——ひとつまみ
水——150cc
上新粉——40g
全粒粉——45g

つくり方

1 ボウルに、白玉粉、葛粉、黒砂糖、塩を入れ、水を加えて溶かす。
2 **1**に、上新粉と全粒粉を加えて、ダマが残らないようにしっかり混ぜる。
3 流し缶をさっと水にくぐらせ水気を切り、**2**を流しこみ、20〜25分強火で蒸す。
4 冷めてから食べやすい大きさに切る。

よもぎ団子

祖母が大好きだったよもぎを使ったおやつは、わたしにはとても懐かしい思い出のおやつ。生地であんを包みこむのは少しむずかしいので、折りたたんでみました。

よもぎは、ぐんぐん成長している春先から6月くらいまでのものが、香りもよく葉がやわらかくて、おいしい時期。わがやではよもぎを摘むところから、子どもと一緒にたのしみます。

よもぎは薬にもなります。胃痛には生葉をよくかんで飲みこむ、虫さされには、生葉をもんで汁をぬる。いずれもよく効くので、ぜひお試しを。

材料（4個分）

小豆——40g
水——120cc
黒砂糖——20g
塩——ひとつまみ
よもぎ——5g
白玉粉——30g
ぬるま湯——適量
上新粉——50g
打ち粉（片栗粉）——適量

つくり方

1 小豆を鍋に入れ、水を加えて火にかける。やわらかく煮えたら黒砂糖と塩を加え、ねりあげる（冷めるとかたくなるので、やわらかめに）。
2 **1**を4等分にして丸める。
3 よもぎはさっと茹で、包丁で刻み、すり鉢でする。
4 白玉粉にぬるま湯を注ぎ溶かし、上新粉を加え耳たぶくらいのかたさにねる。4等分にちぎり、15分ほど蒸す。
5 蒸しあがったらぬれ布巾に取り、**3**を入れ、布巾の上から手でよくこねる。
6 **5**を4等分し、打ち粉をして、楕円形に押しひろげる。**2**をのせ、折りたたむ。同様に、残りの3個もつくる。

かるかん

かるかんは、子どもの頃から大好きなおやつのひとつです。材料もシンプルで、砂糖は入っているものの、少しくらい食べすぎても大丈夫という気がするから不思議です。と言っても、米粉と自然薯《じねんじょ》がたっぷりなので、少しの量でも、おなかいっぱいになりますが。

自然薯が手に入らなければ、大和いもや丸いもなど、粘り気の強いものであれば代用できます。

粉と水分を混ぜるときには、多少混ぜすぎてもふくらみは変わらないので、ねばねばしますがよく混ぜてください。

材料（パウンド型小1個分）

米粉――120g
きび砂糖――60g
自然薯――120g
水――50cc

つくり方

1 ボウルに、米粉ときび砂糖を入れ、混ぜる。
2 自然薯はガスの炎でひげ根を焼き、皮ごとすりおろす。
3 **1**に**2**と水を加えて混ぜ、型に流しこみ、25〜30分蒸す。
4 型から出し、冷めてから食べやすい大きさに切る。

はったい粉パンケーキ

はったい粉は夫にとっては懐かしい味のようなのですが、わたしは大人になってから、はじめて口にしました。名前を聞いたことはあったのですが、あえて食べようとは思わなかったのです。でも食べてみると、とてもこうばしくて大好きになりました。

　このパンケーキは、はったい粉のおかげで小麦粉だけの生地よりふわふわに仕上がります。また、こうばしいので、バニラエッセンスなどは必要ありません。

　はったい粉は、スーパーでも手軽に手に入ります。食べたことのない方、ぜひお試しくださいね。

材料（4枚分）

全粒粉——75g
はったい粉——25g
メープルシュガー——10g
BP——小さじ1
塩——ひとつまみ
豆乳——200cc
なたね油——適量
お好みでメープルシロップ

つくり方

1　ボウルに全粒粉、はったい粉、メープルシュガー、BP、塩を入れ、泡立て器でよく混ぜる。
2　**1**に豆乳を加えて、ゴムベラで切るように混ぜる。
3　フライパンになたね油をうっすらひき、**2**の生地を1/4量流し入れる。
4　こんがり焼き色がついてきたら裏返す。
5　中まで火が通ったらお皿に盛り、お好みでメープルシロップをかける。
6　同様に3枚焼く。

えんどう豆団子

えんどう豆は、かならずさやつきのものを。さやから外す手間はかかりますが、おいしさが違います。むいた後に放置していると、薄皮がかたくなってくるので、むいたらすぐ使いましょう。

お団子自体はほんのり甘い程度なので、甘みがもの足りない場合は、最後にきび砂糖をかけてもいいですよ。今回は茹でて仕上げていますが、油で揚げても、また違ったおいしさになります。

材料（16個分）

えんどう豆（正味）——50g
白玉粉——50g
きび砂糖——小さじ2
水——適量

つくり方

1 鍋に湯をわかし、えんどう豆を茹でる。
2 **1**の水気を切り、すりこぎなどでつぶし、裏ごしする。
3 ボウルに白玉粉を入れ、**2**ときび砂糖を加え、耳たぶくらいのかたさになるように水を足しこねる。
4 **3**を食べやすい大きさに丸め、沸騰した湯でゆがく。
5 **4**が浮いてきて、1〜2分ほどしたら冷水に取り、水気を切って器に盛る。

ずんだ餅

一般的にずんだ餅と言えば砂糖で甘みをつけますが、これは、塩を加えることで枝豆の甘みを引き出し、枝豆本来のおいしさをたのしみます。

枝豆は、収穫して時間が経つにつれ甘みが薄くなってしまうので、手に入ったら、なるべく早く調理したほうが、おいしく食べることができます。

ミキサーにかけたときに、水分が足りないようであれば、お餅にからみやすいかたさになるまで、枝豆の茹で汁か昆布だし、なければお水を少し加えて、のばしてください。

材料（2人分）

枝豆（正味）——60g
塩——小さじ$\frac{1}{2}$
餅——2個

つくり方

1 枝豆は、茹でて、さやから実を取り出す。
2 **1**をミキサーにかけ、塩を混ぜる。
3 餅は、やわらかくなるまで茹でる。
4 餅が茹であがったら、器に盛り、**2**をかける。

豆乳プリン

この豆乳プリンは葛粉で冷やしかためるので、器に入れてラップをするときには、プリンに直接ピタッとつけてください。ラップをせずにかためると、ゼリーや寒天と違い、表面が乾燥して少しかたくなってしまいます。

ダマができないように、最初に葛粉をしっかり溶かして、火にかけた後は絶えず鍋底からかき混ぜてくださいね。火加減によってはかたく仕上がるので、その場合は、豆乳を後から少し加えて、かたさを調節しても大丈夫です。

材料（4個分）

豆乳——200cc
葛粉——20g
塩——ひとつまみ
メープルシロップ——大さじ1

ブルーベリーソース
ブルーベリー——75g
メープルシロップ——大さじ1

つくり方

1 鍋に豆乳と葛粉を入れ、葛粉をしっかり溶かす。
2 **1**に塩とメープルシロップを加えて火にかけ、木ベラで鍋底からかき混ぜる。
3 沸騰してきたら弱火にして2分くらいねる。
4 器に流し入れ、ラップをして、氷水に浮かべて冷やしかためる。
5 別の鍋にブルーベリーを入れて火にかける。ブルーベリーから水分が出てきてやわらかくなったら、メープルシロップを加えてとろみがつくまで煮て、冷ましておく。
6 **4**に**5**をかける。

かき氷

息子が誕生日のプレゼントにかき氷器をほしがり、以来、夏の定番おやつになりました。かき氷はシャーベットと違って、食べたいときに手軽にできるのが魅力です。しかも乳製品や卵を使わないので、おなかにどっかりときませんし、のども渇きません。

市販のシロップは添加物が心配ですし、手づくりはちょっと手間ですが、きな粉と黒砂糖なら、手軽につくれて、ちいさい子どもにも安心して与えられます。かき氷器がない場合は、ミキサーにすべての材料を入れてクラッシュしても、おいしいですよ。

材料

きな粉――適量
黒砂糖――適量
氷――適量

つくり方

1 きな粉と黒砂糖を1対1の割合で混ぜる（きな粉が苦手な場合は、少量の水に黒砂糖を煮溶かし、黒糖シロップにしても。冷蔵庫で長期保存可能）。
2 かき氷器で器の半分くらいまで、氷をけずる。
3 **2**に**1**の半量をかける。
4 **3**の上にさらに氷をけずり山盛りにし、**1**の残りをかける。

わらび餅

わらび餅は長男の得意な和菓子のひとつでもあり、家族みんなが大好きなおやつです。

ねる作業はある程度ちからがいるのですが、ちぎるのはちいさな子どもでもできます。多少ぶかっこうになっても、自分でつくったおやつは、とびきりのごちそうですよね。

わらび粉が手に入らなければ、葛粉で代用可能です。わらび餅自体はほんのりした甘みですが、ちいさい子どもなら、そのままでもおいしく感じてくれると思います。

材料（4人分）

わらび粉——100g
米飴——100g
水——400cc
お好みできな粉、黒砂糖

つくり方

1 鍋にわらび粉、米飴、水を入れて、わらび粉をしっかり溶かす。

2 **1**のダマがなくなったら、火にかけ、木ベラで鍋底からかき混ぜる。

3 粘りが出はじめたら、透明になるまでねる。

4 透明感が出て、ひとかたまりになったら、ボウルに水をはり、かたまりのまま水に浸けて冷やす。

5 5分程度冷やしたら、食べやすい大きさにちぎり、冷水に取り、冷やす。

6 **5**の水気を切り、器に盛り、お好みできな粉と黒砂糖を混ぜたものをかける。

きな粉シェイク

じつは、豆乳をそのまま飲むことは、あまり好きではありません。そんなわたしでも、きな粉入りシェイクにすると、豆乳臭さが消えておいしく飲むことができるのです。

　ミキサーがなければペットボトルにすべての材料を入れてシャカシャカするだけでも、おいしくできます。

　きな粉をはったい粉に代えるとチョコレートのような味になるので、こちらもおすすめです。

材料（2杯分）
豆乳──200cc
メープルシロップ
　──大さじ1
穀物コーヒー（もしくはインスタントノンカフェインコーヒー）──大さじ1
きな粉──大さじ1

つくり方
1　ミキサーにすべての材料を入れ、コーヒーが溶けるまで混ぜ、グラスに注ぐ。

白玉みたらし団子

材料（12個分）

白玉粉――80g

水――適量

たれ

本みりん――大さじ3

しょうゆ――大さじ1

水溶きの葛粉――適量

つくり方

1 白玉粉をボウルに入れ、水を加えて耳たぶくらいのかたさにこねる。

2 **1**を食べやすい大きさに丸めて茹で、浮いてきて2分ほどしたら冷水にとる。

3 別の鍋に、本みりんを煮立たせ、しょうゆを加えて水溶きの葛粉でとろみをつける。

4 **2**をザルに取り、水気を切って器に盛り、**3**をかける。

上新粉を使うと、蒸したりねったりと、ちょっと手間がかかりますが、白玉粉を使うと簡単です。

たれで使用するみりんは、ぜひ本物のみりんを使ってください。本みりんは、料理をとびきりおいしくしてくれますし、お菓子づくりにも使え、上品な甘さに仕上げてくれます。

たれをかける前のお団子をフライパンで焼いて焦げ目をつけると、こうばしくなってワンランク上のみたらし団子ができます。

黒ごまプリン

黒い食べものって、栄養がつまってる感じがして大好きです。このプリンも、黒ごまの栄養がたっぷり。

卵とゼラチンを使わずプリンの食感を出すために、粉寒天だけではなく、葛粉も使ってかためています。両方使うことにより、口溶けがよく、形もくずれにくくなります。

豆乳と葛粉を鍋に加えたら、焦がさないように鍋底をこするように混ぜてくださいね。とろみがつきはじめたら手早く混ぜることで、ねりごまがきれいに混ざります。

材料（4個分）

水──100cc
きび砂糖──40g
粉寒天──1g
豆乳──150cc
葛粉──10g
ねりごま（黒）──30g

つくり方

1 鍋に水ときび砂糖と粉寒天を入れ、混ぜる。
2 **1**を火にかけ、沸騰したら弱火にし、粉寒天を煮溶かす。
3 ボウルに豆乳を入れ、葛粉を溶かす。
4 **2**に**3**とねりごまを加えて、とろみがつくまで火にかける。
5 器に入れて、氷水に浮かべて冷やしかためる。

子育てについて

子育てをしていると、自分がちいさかった頃のことを思い出します。

わたしには4歳上の姉がいるのですが、本当によくできた姉で、面倒見がよく、とてもやさしく接してくれました。わたしは末っ子だからか、わがままで甘えん坊なうえに、気が強かったように記憶しています。子どもの頃のことを思い出すと、家族に対して、ごめんなさいとありがとうの気持ちでいっぱいになり、自分の子どものわがままや偏食に、かなり寛大な気持ちで接することができます。

よく「かるべさんは、子どもを怒ったりしないんですか？」と聞かれることがあるのですが、自分の都合や感情で怒ると、後でいやな気持ちになって、怒ったことに対して、結局子どもに謝らないといけなくなるんです。あまり謝りたくないので、イラッとしたら深呼吸をして、子どもがどうしてそのような行動を取っているのかを考えると、意外と怒らなくてすむような気がします。気を引くためにやっているのなら、ちょっとだけでもハグしたり、好奇心から、ひとを困らせる行動やひとに迷惑のかかることをしているのなら、怒るのではなく、冷静に叱ればいいのです。

わがやの場合、子どもたちは自分の意思で最後まで保育園には行かなかったので、どんな場所にも、仕事にもついてきていたのですが、そんなことができたのも、まわりの協力があってこそ。子どもは親のちからだけで育つわけではないので、ときには迷惑をかけながらも、たくさんの方に協力してもらって、まわりの方からも多くの愛情を注いでもらえていれば、それでいいと思います。

後は、過保護にならないように、ときにはちょっとした危険や失敗をくり返しながら、たくましく自分の人生を切り開いていってくれたらなぁと。

子育ては結果がすぐに出ないし、生きている限り続くような気もするので、いちばんの大仕事です。だからこそ、いちばん大切に考えないといけないと思っています。

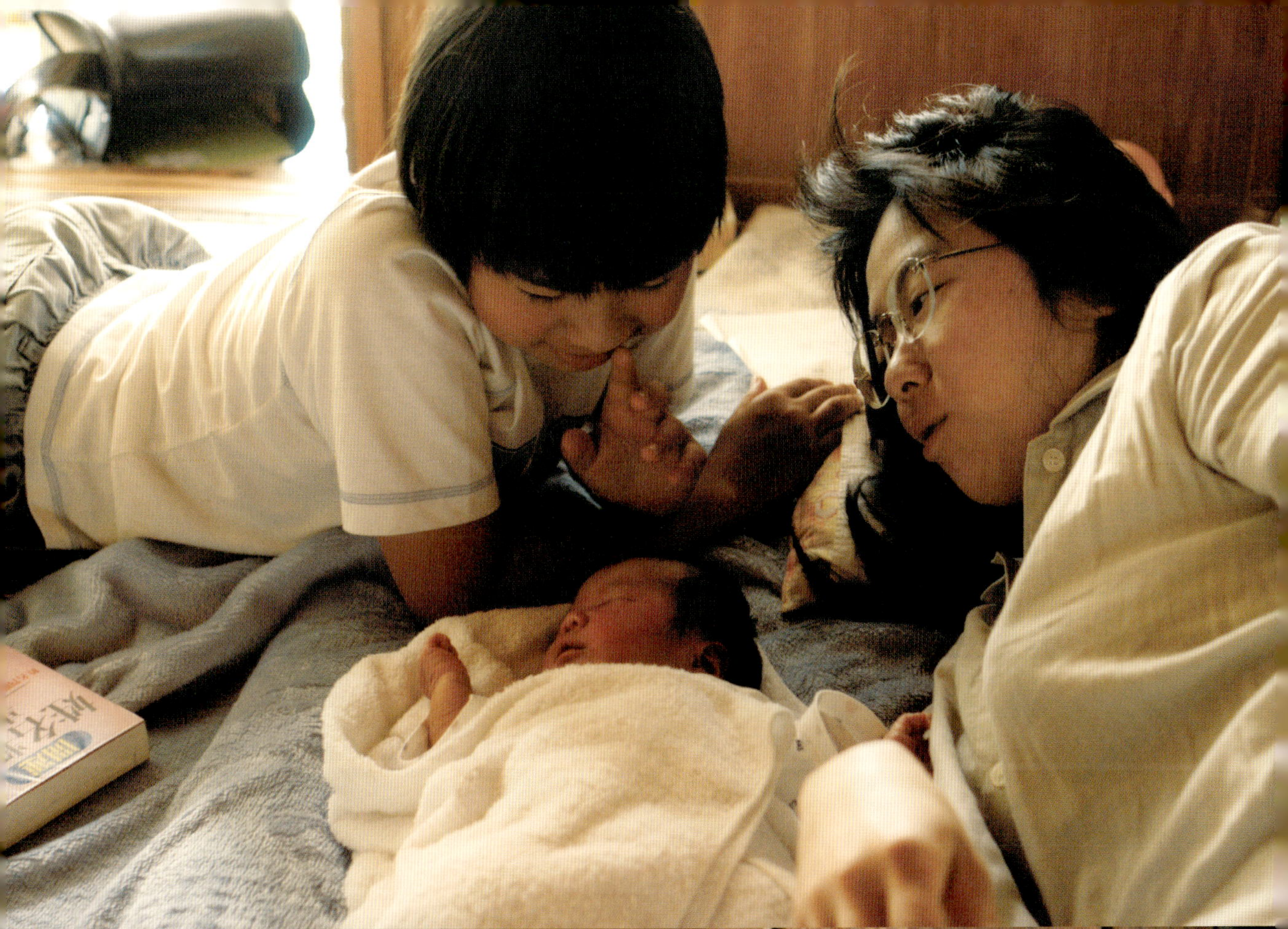

雲の中から——南阿蘇の暮らし

写真・文　野中元

Ｐ51　戦後すぐに建てられた、南阿蘇の自宅の土間には、３つの竈と古タイルの流しが元からあった。長男渓人も長女里歩も、生まれたときからお風呂や竈の薪をくべる生活のなかで暮らしてきた。

Ｐ52—53　盆明けから晩秋にかけて見られる南阿蘇の雲海。朝起きると外は一寸先も見えないほどの霧、自宅から15分ほど車を山のほうに走らせると、頭上には青空が、眼下には雲の海が広がる。わがやは雲の中に。

Ｐ54　２００６年長女里歩を自宅で出産。妻は１ヶ月間家事を休み、蚊帳の中でひたすら娘と過ごしてから床上げ。野口整体の産後の骨盤調整にならい、30分正座中。

Ｐ55上　長女里歩の誕生は、長男渓人が10歳のとき。名前は、渓人の提案でつけ、自然と里歩の親代わりになってくれた。現在（２０１３年）16歳。すでに自宅を離れ、熊本市内の高校の寮にいる。

Ｐ55下　産後1週間の食事。煎り玄米を3倍の水で煮たお粥とカブの葉のふりかけ、自家製の梅ぼし、根菜類を長時間煎ってつくる鉄火味噌、そしてからだをととのえてくれる3年番茶。もちろん産後の料理は僕が担当するしかない（笑）。

Ｐ56上　自然農法で19年育てた田んぼの稲。米づくりを通して、改めて生かされていることに感謝。主食を自給できることで生きていく自信が湧いてくる。

Ｐ56下　毎年漬ける梅干し。三日三晩土用の日射しと夜露に当てる。眺めるだけで唾液が出てくる。

Ｐ57上　掘りたてのじゃがいも。連作をきらうので面積を使うが収穫後の使い道が多く貯蔵できるのがうれしい。妻のつくる塩だけのシンプルなポテトコロッケは初夏のごちそう。

Ｐ57下　田んぼから玄関を望む。手植え、疎植の苗は隙間ばかりで貧弱だが、草取りをがんばれば、秋には立派な実をつける。

Ｐ58　朝霜に彩られる自然の情景を探すのがたのしい。枯れ落ち、抜け殻となった姿に自然の大いなる循環を感じる。

Ｐ59　稲刈り後の田んぼのあちこちに現れるモグラ塚。たまに飼い猫のニャオ助がモグラが出てくるのを見張っている。

Ｐ60上　上手に育たなかったカブを収穫して料理に。自家菜園なら、見てくれがわるくてもおいしく変身。

Ｐ60下　ほしいもづくり。晴天が続けば1週間でできあがる。

Ｐ61上　切り干し大根づくり。蒸し干しして飴色になった切り干しは高冷地ならではの仕上がりだ。

Ｐ61下　自宅裏庭で収穫できる栗。数年前に枝打ちしたら、大きな実ばかりがなるようになった。

Ｐ62—63　里歩2歳のとき。渓人も里歩も保育園に通わず、毎日僕と散歩して過ごした。

Ｐ64上　スモークづくりをするドラム缶の脇で眠る、いまは亡き愛犬アンブローシア。

Ｐ64下　里歩は今年から小学1年生。毎日30分以上の道程を歩いて通う。

Ｐ65上　いまは亡き愛猫のポポ。「人間みたいな猫だ」と来客に愛された。一時は5匹いた猫もいまは1匹。

Ｐ65下　自宅の五右衛門風呂。浮かべた丸い板を沈めてしゃがむようにして浸かる。台所土間の端にあり、土間に焚き口がある。薪でわかすお湯は真冬にはやわらかく心地よい。一度穴があいたので自分で工事して2代目。シャワーも給湯器もなし。疲れていて面倒になると、近所の温泉へ（笑）。

Ｐ66—67　雪景色と雲海の競演。鎮守の森は自宅隣にあり、無人の神社では農耕水利の神様、豊玉姫を祀る。南阿蘇で暮らすようになり今年で20年目だが、水よし空気よし、毎日の景色に飽きることがない。

旬の恵みをいただく

くだもののおやつ

桃のコンポート

桃を丸ごと使うので、きれいに皮をむかないと、見た目がうつくしくありません。そこで湯むきするのですが、火を通しすぎると果肉の部分まで火が通ってしまい、果肉にキズがつきやすくなるので気をつけてください。

白ぶどうジュースの量は、桃や鍋の大きさによって変わってきます。桃がひたひたになるくらいを目安に調節しましょう。

コンポートをつくった後のジュースは、そのまま飲んでもいいのですが、少し濃くなっているのでゼリーをつくるのに最適ですよ。

材料

桃——2個

白ぶどうジュース

——500cc程度

レモン汁——小さじ2

塩——ひとつまみ

つくり方

1　桃を湯にさっとくぐらせ、冷水に取り、皮をむく。

2　**1**を鍋に入れて、白ぶどうジュース、レモン汁、塩を加え火にかける。

3　沸騰してきたら弱火にして、桃がやわらかくなるまで約15分煮る。

4　火をとめて、そのまま冷まし、味をしみこませる。

バナナスコーン

材料（10個分）

全粒粉――150g
てんさい糖――10g
BP――小さじ1
完熟バナナ（正味）――80g
塩――ひとつまみ
なたね油――25g

つくり方

1　ボウルに全粒粉とてんさい糖、BPを入れ、泡立て器で混ぜる。
2　完熟バナナをつぶし、塩を加える。
3　**1**に**2**となたね油を入れ、混ぜる。
4　**3**を1cm厚に押しひろげ、好きな形に切り、180度のオーブンで15分焼く。

ほんのり甘いこのスコーンは、おやつにはもちろん、長時間のお出かけのとき、バッグにしのばせておくと重宝します。しっかり熟しているバナナを使うと、できあがりの甘さが違います。ぜひ、熟れすぎたくらいのバナナでつくってみてください。

ぶどうゼリー

ぶどうの皮の色を利用してつくる栄養丸ごとぶどうゼリーです。レモン汁を少し加えることで、色鮮やかに、そしてさっぱりしたゼリーに仕上がります。

このゼリーは粉寒天でかためているのですが、ゼラチンと違い、寒天は沸騰させないと完全に溶けません。寒天が溶けていないとちゃんとかたまらないので、沸騰して数分間は、かならず火にかけましょう。

冷水でもかたまるので、冷蔵庫で冷やすより、氷水で冷やしたほうが早くできあがります。

材料（4人分）

ぶどう（巨峰かピオーネ）——20粒
水——150cc＋200cc
レモン汁——小さじ$\frac{1}{2}$
粉寒天——2g
はちみつ——大さじ2と$\frac{1}{2}$

つくり方

1 ぶどうは皮をむいて種を取りのぞいておく（皮は捨てずに取っておく）。
2 鍋に水150ccと**1**の皮、レモン汁を加え火にかけ、ぶどうの皮が色あせるまで数分煮て、皮を取りのぞく。
3 別の鍋に水200ccと粉寒天を入れ、火にかける。沸騰してきたら弱火にして寒天を煮溶かす。
4 **3**に**2**とはちみつを加える。
5 器に**1**と**4**を流し入れ、冷やしかためる。

いちじくケーキ

いちじくとくるみは、少し粉っぽさが残っているくらいで加え、混ぜあわさったときに、粉っぽさがなくなるように。そうすると、型に流し入れたときに、いちじくが沈むことも防いでくれます。

それと、くるみはかならずローストしたものを使ってくださいね。おいしさが全然違ってきます。

材料（4個分）

くるみ――25g
生いちじく――100g
全粒粉――100g
強力粉――50g
BP――大さじ1/2
シナモンパウダー――小さじ1
米飴――大さじ1
きび砂糖――60g
塩――ひとつまみ
なたね油――50cc
豆乳――100cc

つくり方

1 くるみは刻み、いちじくは皮ごと2cm角に切る。
2 ボウルに全粒粉、強力粉、BP、シナモンパウダーを入れ、泡立て器で混ぜる。
3 別のボウルに残りの材料を入れ、泡立て器で混ぜる。
4 **2**に**3**を入れ、切るように混ぜ、**1**も混ぜる。
5 **4**を型に入れ、180度のオーブンで20分焼く。

焼きりんご

焼きりんごと言えば、りんごを丸ごと、じっくり時間をかけてオーブンで焼いていくのが一般的です。でもそれだと時間がかかるので、なかなかつくる気になれません（わたしだけかもしれませんが……）。やっぱり手早くおいしいほうがいい！　というわけで、最初にくし切りにしておくタイプの焼きりんごです。そうすることで、食べやすくもなります。

甘みにメープルシロップを使っていますが、甘みの強いりんごだと必要ないくらいなので、お好みで調節してくださいね。

材料

りんご――1個
オリーブ油――適量
メープルシロップ
――大さじ1
お好みでシナモンパウダー

つくり方

1 りんごは皮をむき、くし切りにして芯を取っておく。
2 フライパンを温めオリーブ油を薄くひき、りんごを並べて中火で焼く。
3 焼き色がついたら裏返し、弱火にして火が通るまで5分ほど焼く。
4 火が通ったらメープルシロップをかけ、煮からめる。
5 器に盛り、お好みでシナモンをかける。

桃のソルベ

甘い香りに誘われて手に入れた桃でも、香りだけで甘くなかった経験ありませんか？　そんな桃を使っても、とびきりおいしいソルベができます。

桃の甘さに応じ、てんさい糖の量を調節しますが、ちょっと甘すぎるくらいまで加えたほうが、おいしくできます。

凍りすぎた場合は、ミキサーにかけても大丈夫です。

材料（4人分）

白桃（正味）――200g
レモン汁――小さじ1
てんさい糖――適量

つくり方

1　白桃は皮をむき、適当な大きさに切りながら、種を取りのぞく。

2　**1**にレモン汁をまぶして鍋に入れ、火にかける。

3　火が通ってきたら、てんさい糖を加え、水分がなくなるまで煮る。

4　**3**が冷めたら、袋に入れて冷凍庫で冷やす。

5　ある程度かたまったら、袋の上から、もみほぐす。

梅ジュース

この梅ジュースはじっくり時間をかけてつくっているので、酵素がたっぷり。胃腸を丈夫にし、毒素を流してくれます。疲労回復の効果もあり、疲れたときに飲むと、不思議と元気になります。

漬けこんでいた青梅は、そのまま食べてもジャムにしても、おいしくいただけます。

黒砂糖でつくると、はちみつでつくるより安価でコクがあります。ただし、カラメル色素などの入っていない黒砂糖を選んでくださいね。

材料

青梅――1kg

黒砂糖――800g

つくり方

1 青梅を洗い、水気を切る。

2 へたを取り、果汁が出やすいようにフォークや竹串でポツポツと穴をあける。

3 密閉ビン（余分な空気が入らないよう、大きすぎないもの）に、黒砂糖をまぶしながら青梅をきっちり1段並べ、さらに黒砂糖をふりかけて次を重ねるようにしてつめていく。

4 つめおわったらふたをして、冷暗所で5ヶ月くらい静かに寝かせる。途中でふたを開けたり、ゆすったりすると、発酵してしまうので注意。

5 できあがったら、お好みで6〜10倍に水や炭酸水、お湯などで薄めて飲む。かき氷のシロップに使っても（密閉しておけば、長期保存可能）。

りんごマフィン

このマフィンは、焼きたてがいちばんです。3日間くらいは常温でも日持ちするのですが、日が経つと生地がパサついてくるので、あまったら冷凍保存をおすすめします。食べるときには常温で自然解凍し、30分ほどで食べられる状態に。ちょっと多めにつくってストックしておくと、お出かけのときのおやつにも重宝しますよ。

りんごは、紅玉が手に入らなければ、酸味のあるものを選んだほうがおいしくできます。欲張ってりんごをたくさん入れると生地がベタつくので分量を守ってください。

材料（4個分）

ちいさめのりんご（できれば紅玉）——1/2個

A

全粒粉——90g

強力粉——30g

BP——大さじ1/2

お好みでシナモンパウダー

B

なたね油——25cc

メープルシロップ——50cc

豆乳——70cc

りんごジュース——25cc

塩——ひとつまみ

つくり方

1　**A**と**B**をそれぞれ別のボウルに入れ、泡立て器でよく混ぜる。

2　りんごは皮つきのままくし切りにし、芯を取り、端から3mm程度の薄切りにする。

3　**A**に**B**を入れ軽く混ぜ、**2**も加えさっくり混ぜる。

4　**3**を型に入れ、180度のオーブンで20〜25分焼く。

金柑のはちみつ煮

金柑は、子どもの頃に生のままかじって、苦いのとすっぱいのとで、好きではなかった記憶があります。でも、これを食べて大好きになりました。

ポイントは、切れ目を金柑の中心部まで入れることです。そうすると、中心のほうにも甘みが入り、金柑がふっくらと煮あがります。そして、かならず煮汁に浸けたまま冷ますこと。熱いうちに取り出すと、金柑にしわがよってしまいます。煮汁はお湯で薄めれば、のどにもやさしいドリンクに。

材料

金柑——10個
水——適量
はちみつ
——大さじ1と1/2

つくり方

1 金柑に、上下はさけて縦に5㎜間隔で切れ目を入れる。
2 鍋に金柑を並べ、ヒタヒタになるくらいに水を加え、強火にかける。
3 沸騰してきたら弱火にして10分ほど、金柑がやわらかくなるまで煮る。
4 はちみつを加え、ひと煮立ちさせ、火を消し、そのまま冷まして味をしみこませる。

チョコバナナシェイク

材料（2杯分）

バナナ（正味）——140g
ココア——大さじ1
きび砂糖——小さじ2
豆乳——200cc

つくり方

1 バナナは皮をむいて1cmの輪切りにする。

2 バナナ、ココア、きび砂糖、豆乳の順にミキサーに入れて、なめらかになるまで混ぜる。

ぜいたくにたっぷりのココアを使いますが、ココアを濃くすると、どうしてもビターになります。そこで、甘みをきび砂糖だけに頼るのではなく、ココアと相性バツグンのバナナを加えます。このバナナの完熟具合でおいしさが違ってくるので、しっかりと熟れたものを使ってください。

すごく冷たいドリンクがいい場合は、バナナをスライスした後に、冷凍したものを使うといいですよ。

甘みや乳製品の入っていないカカオ100%のココアを選んでくださいね。

甘酒バナナアイス

砂糖を使わず、バナナと甘酒の甘みでつくります。甘酒の濃度によって、甘さも舌触りも変わってくるのですが、これをつくる場合は、さらっとしたものよりも、濃度がある甘酒を選んだほうが、なめらかにできあがります。

バナナは、ミキシングしてから冷凍してもかまわないのですが、先に冷凍しておくと、早く凍ります。凍るまで待てないときには、ひんやりスムージーとして飲んでもおいしいです。

材料（2人分）

バナナ（正味）――200g
レモン汁――小さじ1
甘酒――100cc
塩――ひとつまみ

つくり方

1 バナナは、皮をむき1cm厚に切り、レモン汁をまぶし、冷凍する。
2 ミキサーに、**1**と甘酒と塩を加えて、なめらかになるまで混ぜる。
3 **2**を冷凍庫で冷やしておいたバットに広げ、冷凍する。
4 凍ったら、スプーンでほぐしながら、器に盛る。

洋なしのコンポート

子どもの頃は、大きらいだった洋なしですが、いまではあの独特の香りが大好きになりました。あの香り、高級な感じがするのはわたしだけでしょうか。食べると何だか優雅な気分になれます。

皮をむくと変色しやすいので、きれいな色に仕上げるためには、むいたらすぐにレモン汁をまぶしてくださいね。火が通るとやわらかくなるので、くずさないように気をつけて。冷める間に味がなじんでくるので、かならず冷ましてから食べるようにしてください。

材料

洋なし——1個
レモン汁——小さじ$\frac{1}{2}$
水——適量
はちみつ——小さじ2

つくり方

1 洋なしは8等分に切って、皮をむき芯を取る。
2 **1**を鍋に並べ、レモン汁を回しかけ、7分目くらいになるように水を加える。
3 **2**を火にかけ、沸騰してきたら弱火にする。
4 やわらかくなったら、はちみつを加え、水分が少なくなるまで煮て、そのまま冷まして味をしみこませる。

ブルーベリーのスムージー

ブルーベリーをたっぷり使い、豆乳と合わせることで、栄養価もさらにアップします。

どのくだものも、収穫時期によって甘さが違います。天候にも左右されますが、ブルーベリーは出はじめよりも終わりの頃が酸味が強いようです。甘いだけでなく、酸味が強いくらいのほうが、スムージーはおいしくできます。酸味のなかに甘さを感じるようにレモン汁を加えるのですが、少しとろみも出るし、豆乳臭さも消してくれます。

材料（1杯分）

ブルーベリー——80g
はちみつ——大さじ1
豆乳——150cc
レモン汁——小さじ1

つくり方

1 ブルーベリーは、洗って、へたがあれば取りのぞく。
2 ミキサーに、材料をすべて入れ、混ぜる。

りんごのコンポート

紅玉が出回る季節が来ると、何だかウキウキしてしまいます。コンポートもそうですが、パイやケーキも紅玉を使うと、食感と酸味がひと味違います。紅玉が手に入ったら、ぜひつくってみてください。

このコンポートは皮の色をいかして果肉に色をしみこませるので、赤みの強いりんごを選んだほうが、濃いピンク色に仕上がります。煮ている間も色の変化はありますが、冷めていく段階でも濃くなっていきます。

皮は最終的にはくすんだ色になりますが、とってもおいしいので捨てずに食べてくださいね。

材料

りんご（できれば紅玉）
——2個
レモン汁——小さじ1
水——適量
はちみつ——40g

つくり方

1 りんごは6等分のくし切りにし、皮をむき、果肉と皮の両方にレモン汁をまぶす。
2 鍋に**1**の果肉を並べ、皮も加える。
3 **2**に果肉の2/3が浸かる程度の水を加え、火にかける。
4 沸騰したら弱火にして、5分ほど煮て、はちみつを加える。
5 さらに5分ほど煮たら果肉がくずれないように裏返し、水分が少なくなるまで煮て、そのまま冷ます。

ハニーゆず

飲むと、からだがぽかぽかしてくるハニーゆず。風邪のひきはじめに飲むと、ビタミンも補給できて一石二鳥です。

ぎゅうぎゅうしぼりすぎると苦くなってしまうので、果肉の部分だけをしぼるようにしてくださいね。

ハニーゆずには果汁しか使いませんが、表皮はお料理に、種はアルコールに漬けこんでゆず化粧水に、しぼりかすはお風呂に浮かべてゆず風呂に。あますことなく使えるところが、ゆずはすばらしいですよね。

材料（2杯分）

ゆず——1個（果汁小さじ2）
はちみつ——大さじ1
湯——200cc

つくり方

1 ゆずを半分に切り、果汁をしぼる。
2 カップに、はちみつとゆず果汁を入れる。
3 **2**に湯を注ぎ、混ぜる。

焼きりんごのパンケーキ

オーブンを使わないタルトタタンのようなパンケーキ。蒸し焼きにしているので、生地が少しもっちりします。りんごを甘くしているので、ケーキ生地は甘さひかえめのメープル風味。

ケーキ生地を流しこむ前のほうが、りんごがやわらかくなっているので、そのときに並べなおしておくと仕上がりがきれいに。りんごの水分をしっかりとばしておかないと、べちゃっとなります。砂糖は焦げてカラメルのようになったほうが、おいしいですよ。

材料（直径18cm1枚分）

りんご（紅玉かふじ）——2個
洗双糖——40g

A
小麦粉——100g
BP——小さじ1
塩——ひとつまみ

B
豆乳——100cc
メープルシロップ——25cc
なたね油——25cc

つくり方

1　りんごは8等分のくし切りにして、芯を取り皮をむく。

2　フライパンになたね油（分量外）を薄くひいて、洗双糖をふり、**1**を並べてふたをして中火にかける。

3　りんごに火が通ってきたら、ふたを開け水分をとばす。

4　ボウルに**A**を入れ、泡立て器で混ぜる。別のボウルに**B**を入れ混ぜる。

5　**A**に**B**を加え、混ぜる。

6　**3**に**5**を流し入れ、ふたをして弱火で15分焼く。

「いま」をたのしむ

ときどき忙しさにかまけて忘れそうになりますが、まずは、暮らしをたのしむことを大切にしたいと思っています。

一般的に考えると、男性よりも女性のほうが環境が変化しやすいのではないでしょうか。社会的には平等と言われても、結婚、出産、子育て、と続くと、臨機応変に生きていかなければなりません。

自給自足の生活をはじめた頃、たいした貯金もないうえ急に収入がなくなるのに、不安に思うどころか、大好きなひとと一日中一緒にいられるし、専業主婦（夫も一緒に仕事を辞めたので、正確には専業主婦とは表現しないかもしれませんが……）って忙しいけれど、たのしいと感じたことを思い出します。このときに、不安がいっぱいの状態で、愚痴ばかりこぼしていたら、きっと、しあわせないまは来なかったと思います。

「今日は晴れたから洗濯物がきれいに乾いた」とか、「おいしく煮物が炊けた」とか、ちいさなことにも喜びを感じていくことの積み重ねが、暮らしをたのしむってことだと思っています。とは言っても、家族が増えると家事もどんどん増え、そこに育児まで加わると、自分のやりたいことが思うようにできなかったり、ときにはイライラしたりすることも、もちろんあります。でも、いまできることを精いっぱいやって、後悔しない人生を歩んでいけたらと考えています。

不安や愚痴や文句は、言っていたらキリがないくらいあるもので、そんなことを考えていると足元にあるちいさなしあわせに気づけなくなってしまい、大きなしあわせも逃してしまうんじゃないかと思えるんです。ひとそれぞれ、しあわせの価値観は違いますが、しあわせ探しが得意なひとのまわりには、素敵なひとたちが集まり、たのしい輪が広がっていくように感じます。

自分らしくというのもむずかしいものですが、がんばりすぎず、無理しない程度に精いっぱい生きて、むだに年を取ることがないように、素敵に年を重ねていけたらいいなぁ。その結果、かわいいおばあちゃんになれたらいいなあ、と思うのです。

おなか満足　ごはんみたいなおやつ

ネギ焼き

家族みんなが大好きなネギ焼き。食べはじめると、食べても食べてもあと一枚と、後をひくおいしさです。おなかがいっぱいになっても、食べたくなってしまう危険なおやつなのです。ネギの甘い冬につくるのがいちばんおいしいです。

豚肉や牛肉をのせて、ボリューム満点のおやつにしてもいいですよ。

それと、しょうがを細かく刻んで赤梅酢に漬けこんだ自家製紅しょうがを使うと、味は格別です。

材料（4枚分）

全粒粉――50g
昆布だし――90cc
山いものすりおろし――小さじ1弱
長ネギ――1本
オリーブ油――適量
かつおぶし――ひとつまみ×4
紅しょうが――ひとつまみ×4
お好みで桜えび
しょうゆ――小さじ1×4

つくり方

1 ボウルに全粒粉を入れ、昆布だしでのばし、山いもを混ぜる。

2 長ネギは小口切りにする。

3 フライパンを火にかけ、オリーブ油をひき、**1**の約1/4弱の量を10cmくらいの大きさに薄くのばす。

4 かつおぶしと紅しょうが、お好みで桜えびをちらし、**2**の1/4量をのせる。

5 **4**の上から大さじ1/2程度の**1**を回しかけ、生地がパリッとなってきたら返し、へラで押し、平らにする。

6 焦げ目がついたら返し、しょうゆを回しかける。

7 同様に3枚焼く。

じゃがいもピザ

じゃがいもは皮つき、そしてなるべく細く切ったほうが、食感も熱の通りもいいです。じゃがいもを切った後水にさらしたり、フライパンに入れたとき、かき混ぜたりしてはいけません。じゃがいものでんぷんを洗い流したり混ぜたりすると、じゃがいもが、バラバラになってしまいます。

裏返すときは、お皿やふたで受け取るようにしてフライパンごとひっくり返します。チーズをじゃがいものふちにものせると、焼けたチーズがこうばしく、形もくずれにくくなります。

材料（直径20㎝1枚分）

じゃがいも（大）——1個
にんにく（みじん切り）
——小さじ1/2
オリーブ油——小さじ1
塩——ひとつまみ
トマト——適量
チーズ——適量
バジル（乾燥）——適量

つくり方

1 じゃがいもは、千切りにする。
2 フライパンに、にんにくとオリーブ油を入れ、中火にかける。
3 フライパンが温まってきたら、じゃがいもをしきつめるようにして入れる。
4 **3**に塩をふり、上から平たくなるように押しながら、きつね色になるまで焼く。
5 焼き色がついたら裏返す。
6 弱火にして、適当な大きさに切ったトマトと、チーズをのせ、ふたをして焼く。
7 チーズが溶けたら、バジルをかける。

大根餅

点心で人気の高い大根餅を、おやき風に。先に蒸さずに、蒸し焼きにすることで、少量でも手軽につくることができます。

大根の栄養は水に流れやすいので、茹でたときの煮汁は栄養がいっぱい。捨てずに煮汁で生地をこねてくださいね。だいこんは味が淡白なので、ネギや桜えびで味にアクセントを。桜えびの代わりに、戻した干ししいたけを加えてもおいしくできますよ。

しょうゆのこうばしい香りに誘われて、何枚でも食べたくなるおいしさです。

材料（2枚分）

大根——60g
塩——ひとつまみ
水——適量
小ネギ——2本
上新粉——40g
桜えび——2g
ごま油——適量
しょうゆ——適量

つくり方

1 大根は、5mm角で1cmの長さに切る。

2 **1**と塩を鍋に入れ、大根が半分浸かるくらいに水を加え、茹でる（煮汁は捨てずに取っておく）。

3 小ネギを1cmに切る。

4 ボウルに上新粉を入れ、**2**の大根と**3**、桜えびを加え混ぜる。ひとかたまりになるように、**2**の煮汁を加えて調節する。

5 **4**を2等分し、手のひらで平たくのばす。

6 フライパンを温め、ごま油をひき**5**を並べる。

7 **6**に煮汁か水を少し加えて、両面を蒸し焼きにする。

8 最後にしょうゆをぬり、こうばしく焼きあげる。

材料（4枚分）
高菜漬け――25g
ごま油――小さじ1
しょうゆ――小さじ1
全粒粉――100g
水――50cc
すりごま――小さじ1

つくり方

1　高菜漬けはさっと洗い、きつく水気をしぼって細かく刻む。
2　フライパンにごま油をひき、**1**を炒め、しょうゆを加えて香りづけをし、冷ましておく。
3　ボウルに全粒粉と水を入れ、よくこねる。
4　**3**に**2**とすりごまを加え、よく混ざるまでさらにこねて、4等分する。
5　**4**を太さ1cmのひも状にのばし、ぐるぐる巻いて円形にする。
6　フライパンに薄くごま油（分量外）をひき、**5**を並べ、両面をこんがり焼く。最後に刷毛でしょうゆ（分量外）をぬる。

高菜入りぐるぐるおやき

わがやでは、こぼれ種から勝手に成長した高菜を刈り取り、塩漬けにします。高菜はすべて刈り取らずに、いくつかそのまま花を咲かせておくと、種をまかなくても来年もまた勝手に育ってくれるのです。
ひも状にのばした生地をぐるぐる巻くので、粘土あそびのように、わがやでは子どもも喜んでつくってくれます。たのしいだけでなく、丸めて焼くよりも、ふわっとなるのです。高菜が手に入らなければ、野沢菜などの漬けものでも代用できます。

揚げそばがき

そのままでもおいしいそばがきですが、揚げると、外はカリッ、中はふわっとして、いくつでも食べられます。

そばがきをねるときには、空気を含ませるようにするとふわっとできあがるので、菜箸をきっちり束ねるのではなく、広げるようにして持つといいですよ。手早く混ぜ、全体に粉っぽさがなくなれば大丈夫です。丸めるときにちからを入れないようにして、ちぎったら、軽く形をととのえるような感じで丸めてくださいね。

材料（12個分）

ごぼう──10g
にんじん──10g
そば粉──60g
熱湯──80cc
揚げ油──適量
塩──適量

つくり方

1　ごぼうはちいさめのささがきに、にんじんは2cm長さの千切りにする。

2　ボウルにそば粉と**1**を入れ、熱湯を回しかけ、菜箸4本くらいを持って、手早くかき混ぜる。

3　**2**を2cmくらいの大きさに丸め、180度に温めた油で揚げる。

4　熱いうちに、塩をふりかける。

こめっこボール

通常パンをつくるときには、こねる作業と発酵を2回しなければいけないので、これは大変な気がしますが、これは、米粉を使い、こねるというよりは混ぜる、そして、発酵も1回だけのお手軽パンです。

発酵機能のついていないオーブンの場合は、発泡スチロールの箱に湯をはって温度を上げ、発酵器の代わりにしてください。

そして、天然酵母でない場合は、豆乳にイーストを溶かして、その中に粉類を加えてつくるようにしてください。その場合、発酵時間も少し短くて大丈夫です。

材料（6個分）

米粉――150g
強力粉――25g
メープルシュガー――5g
ドライイースト（天然酵母のもの）――小さじ1/2
豆乳――100cc
塩――小さじ1/2
なたね油――小さじ1/2

つくり方

1 ボウルに米粉、強力粉、メープルシュガー、ドライイーストを入れ、混ぜる。
2 **1**に豆乳を加え混ぜる。
3 ひとかたまりになったら、塩となたね油を加え、こねる。
4 **3**を6等分にして丸め、天板に並べ、霧吹きで表面に水をかける。
5 30〜35度で約60分発酵させる。
6 発酵が終わったら表面に刷毛で豆乳（分量外）をぬり、200度のオーブンで、20分焼く。

ふわとろハニートースト

ときどき無性にフレンチトーストが食べたくなるのですが、わがやでは牛乳や卵を常備していません。そんなときに登場するのが、このハニートーストです。食べてみると、一般的なフレンチトーストと変わりありません。いや、それ以上かな。

何の花のはちみつにするかで香りが違ってくるので、お好みでたのしんでくださいね。ちなみにわたしは、みかんやれんげのはちみつが好き。はちみつの香りをたのしむためには、食パンよりバゲットなどのシンプルなパンをおすすめします。

材料（4個分）

豆乳——100cc
はちみつ——大さじ1
すりおろした山いも（長いもでも可）——小さじ2
バゲット——2cm厚4枚
なたね油——適量

つくり方

1 ボウルに豆乳とはちみつを入れ、混ぜる。
2 はちみつが溶けたら、山いもを混ぜる。
3 **2**にバゲットを入れ、液をからませる。
4 フライパンを中火にかけ温め、なたね油をひき、**3**の両面をこんがり焼く。

さくさくあられ

わたしにとって、あられは昔懐かしいおやつのひとつ。祖母が毎年鏡餅をくずして、つくってくれた記憶があります。当時は白砂糖たっぷりでしたが、いまは塩味のほうが好きかな。

お餅がしっかり乾燥していないと、揚げてもふわっとならず、芯のあるかたいあられになってしまいます。ポロッと手でくずせるくらいにしっかり乾燥させることが失敗しないコツです。それから、ゆっくりじっくり揚げること。高温だと中まできれいに揚がらないことも。なたね油でつくると酸化しにくく、時間が経ってもおいしいです。

材料

餅（白餅でも玄米餅でも可）

揚げ油――適量

塩もしくはきび砂糖

つくり方

1 餅は、さいの目切りにして、しっかり乾燥させる。

2 170度の油で、**1**をこんがり揚げる。

3 **2**の油を切り、お好みで、塩もしくはきび砂糖をふりかける。

お手軽せんべい

おやつが何もないときに、残りもののごはんがほんの少しあればつくれる、外側はカリッと、中はもちもちのおせんべいです。

　ポイントは、薄くのばすことと、パリッとしてきて、縁が反ってくるまでさわらないこと。焼けていないのにさわっていると、くっついたり、形が壊れたりします。カリッとさせるためにも、のんびり弱火で片手間につくることをおすすめします。

　鉄のフライパンの場合は、薄くごま油をひいたほうが、くっつかずきれいに仕上がります。

材料

ごはん（玄米や雑穀ごはんなどお好みで）――適量
しょうゆ――適量

つくり方

1　フライパンに、小さじ山盛り1程度のごはんをのせ、湿らせた手のひらで薄く押しひろげる。

2　**1**をくり返し、何枚かつくる。

3　つくり終えたら、最初は中火、フライパンが温まったら弱火で焼く。

4　まわりがカリッとしてきたら裏返し、反対の面も、カリッとするまで焼く。

5　最後に両面にしょうゆをぬり、こんがり焼き、こうばしく仕上げる。

ラスク

ちょっと小腹がすいたときなどに便利なラスク。自分でつくると油分も甘みも選べるので、ヘンな表現ですが、食べていてとても気持ちがいい。イチオシは黒砂糖とオリーブ油。
　パンは、シンプルなパンならどれでもつくれますが、フランスパンのように空気をたくさん含んでいるパンのほうが早くカリッとなるので、焦がすことなく焼きあげることができます。また、日が経ったパンのほうが、乾燥しているので、失敗しにくいです。

材料
パン――適量
黒砂糖――適量
オリーブ油――適量
洗双糖――適量

つくり方
1　パンは、5㎜厚程度にスライスする。
2　黒砂糖とオリーブ油を2対1で、洗双糖とオリーブ油を3対1の割合で混ぜ、それぞれペースト状にする。
3　**1**に**2**を薄くぬる。
4　150度のオーブンで、カリッとなるまで、8～10分焼く。

米粉入りドーナツ

このドーナツは、イーストではなくBPでつくるので、発酵いらずで食べたいときにすぐつくれます。米粉を加えることで、しっとりもちもちの食感です。時間が経つとかたくなるので、かたく感じたときにはオーブンで軽く温めて食べてください。

クッキーの型がない場合、生地を細長くしてねじったり、お椀のふちとペットボトルのキャップを使ってリングドーナツにしたり、粘土あそびの気分で、たのしんでつくってくださいね。

材料（ひと口大10個分）

米粉——50g
全粒粉——50g
BP——小さじ1
きび砂糖——小さじ1
塩——ひとつまみ
豆乳——75cc
打ち粉（強力粉）——適量
揚げ油——適量
黒砂糖——適量

つくり方

1 ボウルに米粉、全粒粉、BP、きび砂糖、塩を入れ、混ぜる。

2 **1**に豆乳を加えて、ひとかたまりになるまでこねる。

3 ひとかたまりになったら、打ち粉をしたまな板などに押しひろげ、1cmの厚さにする。

4 **3**の生地をクッキーの型などでくりぬく。

5 180度の油で色よく揚げ、黒砂糖をまぶす。

きな粉パン

ちょっと時間のかかるパンですが、きな粉を入れることでこねる作業を楽にしています。一度焙煎した粉を入れるので、小麦粉だけのものより、ふわっと焼きあがります。はったい粉や玄米粉を入れても、おいしくできますよ。

水分量を書いていますが、あくまでも目安です。粉の状態で異なってくるので、調節してください。

焼く前までは、生地の乾燥に気をつけてくださいね。

材料（4個分）

強力粉──160g
きな粉──50g
ドライイースト（天然酵母のもの）──小さじ1/2
黒砂糖──5g
水──150cc
塩──4g

つくり方

1 ボウルに水と塩以外のものを入れ、混ぜる。

2 **1**に水を加えて混ぜ、ある程度ひとかたまりになったら、塩を加えてさらにこねる。

3 生地がベタつかなくなったらバットに入れ、ぬれ布巾をかけ、30度で約70分発酵させる。

4 発酵が終わったら、打ち粉をしたまな板などに取り出し、4等分にして丸め、ぬれ布巾をかけ15分やすませる。

5 **4**を成形して天板に並べ、霧吹きをして30度で60分発酵させる。

6 2倍くらいにふくらんだら、200度のオーブンで、18〜20分焼く。

おやつづくりのコツ

おいしいおやつをつくるためには、まず、おいしいものを食べたい！　食べさせたい！　という気持ちが大切です。仕方なくつくると、それなりのものしかできず、ウキウキしながらたのしんでつくると、不思議とおいしいものができあがります。子どもたちが一緒につくると、見た目はともかく、なぜかおいしいものができあがるから不思議です。

きちんと計量して分量通りにつくってください、と言いたいところなのですが、食材によっても味は変わりますし、火加減によっても仕上がりが違います。おやつづくりは途中で味見できないものもありますが、様子を見ながら、臨機応変に微妙なさじ加減が必要なときもあります。ケーキ屋さんの厨房ではないので、一年中室温が一定ではありません。同じものでも、季節によって焼き時間などが変わってくるので、分量や時間にとらわれず、かならず五感を働か

こねる

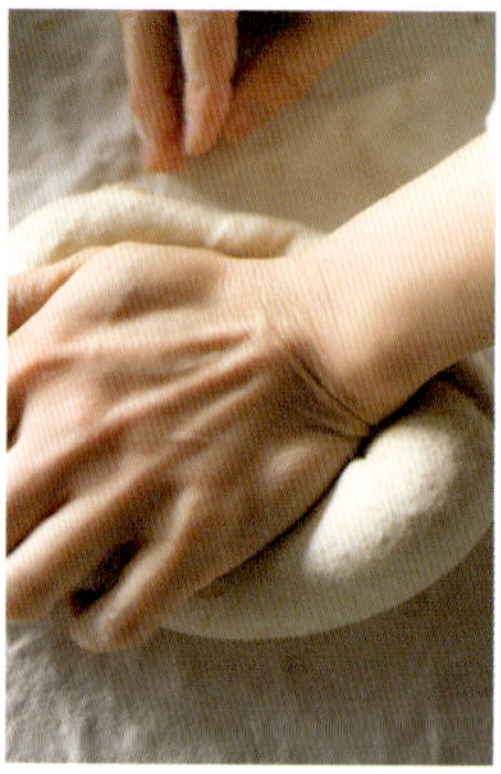

パン生地などをこねる場合、最初は体重を手首のほうにかけるようにして、手のひらでしっかりとこねます。生地がまとまってきて、べたつかなくなったら、手早く軽くこねるようにします。

混ぜる

ケーキなど、小麦粉の粘りを出さないように混ぜたい場合、混ぜすぎに気をつけながら、材料に抵抗がかからないようゴムベラ等で、下からすくうように、そして切るように混ぜましょう。

押しひろげる

クッキーの生地など、ちょっとだけかたい生地をのばすときには、生地の上に手のひらを置き、体重を乗せて押しひろげるようにのばしていくと、生地が割れることなくきれいにできます。

せてつくりましょう。

オーブンを使うおやつの場合、ガスオーブンと電気オーブンの違いでも差が出ます。一般的には、同じ設定温度でもガスオーブンのほうが若干高いと言われています。電気オーブンの場合、表示している温度でなかなか焼きあがらないときは、少し温度をあげるなど工夫も必要です。また、オーブンにはかならずと言っていいほどクセがあります。焼きムラが出る場合には、途中で前後左右回すなど、均一に火が通るように調節しましょう。

便利な道具を使うことも、おやつづくりに役立ちます。たとえば製菓用の深めのボウルがあります。これは、粉が飛び散らないので混ぜやすいです。鍋は、ステンレスの多層鍋かホウロウ鍋を使うと焦げにくく、火も均一に入るので失敗しにくいです。

道具がない場合には工夫して、あるものを代用して使うことも大切です。わたしにとって、なくてはならない道具にオーブンがありますが、蓄熱性の高いフライパンがあれば、代用することも可能です。

鍋底から混ぜる

葛粉を使ったものや焦げやすいものなどは、木ベラやゴムベラで、鍋底をこするように混ぜましょう。このような工程がある場合、しゃもじのように先が丸いものではなく、角ヘラを使うことをおすすめします。

計量する（表面張力）

しょうゆや油など、液体を計量するときには、スプーンやカップの上ギリギリからもりあがるくらい、表面張力いっぱいではかってくださいね。きちんとはからないと、できあがりが違ってきます。

計量する（すりきり）

小麦粉や塩など、粉類を計量するときには、液体と違い、すりきりではかります。山盛りすくって、スプーンの柄などを利用し、すりきりで計量しましょう。

食材の選び方

料理もそうですが、お菓子づくりも食材選びがいちばん大切と言っても過言ではありません。多少失敗しても、おいしい食材を使っていれば、どうにかなるものです。ということは、おいしい食材を選べれば、おいしいものがつくれてしまうのです。

せっかく手づくりするのですから、食材は添加物が入っていないものや有機栽培のものなど、できるだけ安全で、自分自身がおいしいと感じるものがいいですよね。わたしの場合、おいしいものを求めていくと、丁寧につくられた本物の調味料だったり、ゆっくりと育った無農薬有機栽培のお野菜だったりします。それに、環境や生産者によっても味が変わってきます。一生懸命たのしんでつくっている生産者や、そういった商品を扱うお店を探すこともたのしみながら、そのような方々の応援も兼ねて、使い続けたいと思っています。

お塩ひとつとっても、ミネラルたっぷり

メープルシロップ

メープルシロップにはグレードがあり、焼き菓子にはミディアムかダークが、フルーツに合わせたり仕上げに使ったりする場合は、繊細な風味のライトがおすすめです。

塩

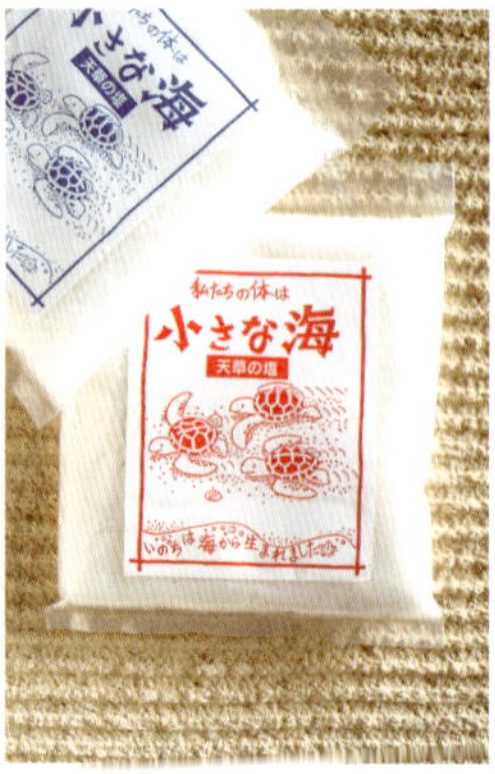

海水からナトリウム成分のみ抽出した精製塩より、自然海塩はミネラルなどを多く含み、からだにいいだけでなく旨みも感じられ、素材の味を引き立てます。自然海塩によってもミネラルの含有量が違うので、それぞれ味が違います。

葛粉、白玉粉、BP

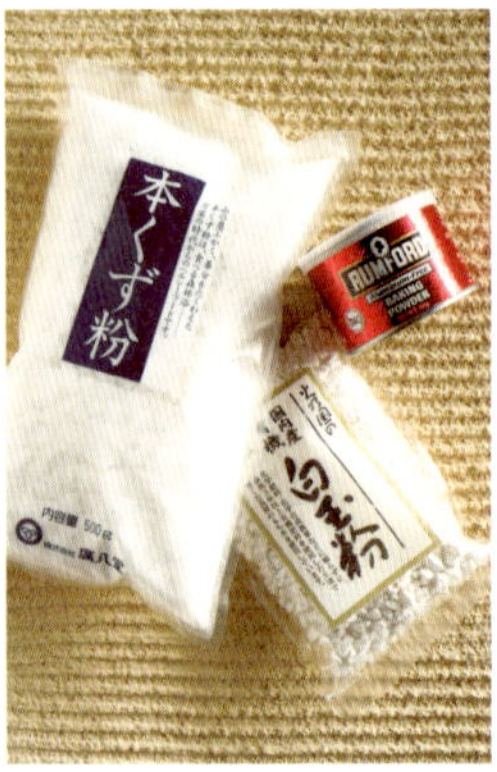

葛粉は腸を強くし、からだを温める葛だけが原料のものを。白玉粉は国産の有機栽培のものがおいしいです。BPはアルミニウム無添加のものを。ただし腸を弱くし、ビタミンの吸収を妨げたりするので、常用しないように注意。

の自然海塩を使うと、ほんのひとつまみのお塩で、ぐっと素材の味が引き立ち、とびきりおいしくなります。

余談ですが、レシピの分量に「塩ひとつまみ」と、よく出てきます。この「塩ひとつまみ」ですが、2本指でつまんではかる方が多いのですが、本当は、3本指でつまんだ量、重さでいうと1g弱です。この、ほんのちょっと加える塩の量でおいしさが違ってくるので、「塩ひとつまみ」、ぜひ覚えておいてくださいね。

最後に、お菓子づくりに大切な甘味料ですが、わたしは精製された白砂糖は使いません。せっかく手づくりするのですから、ミネラルたっぷりのものを使いたいですし、素材や仕上がりに合わせて、使う甘味料も変えています。細かいことを言うと、同じきび砂糖でも、原材料が国産のさとうきびか輸入品のさとうきびかでも、コクやまろやかさが違います。ぜひ、甘味料をはじめとする調味料も、味見してみてください。

本みりん

米と米麹、米焼酎だけでつくられている本物のみりんを選びましょう。甘さが上品で、果実酒をつくるのにも適しています。

しょうゆ

大豆と小麦、それに自然海塩からできているものを選びましょう。アミノ酸等の食品添加物が入っているものは、素材の味を台無しにしてしまいます。

油

精製油は化学物質で溶剤抽出され、原料の風味も栄養分も失われています。圧搾法でつくられたものなら栄養価も高く酸化しにくいですが、とくになたね油、ごま油、オリーブ油など、本来酸化しにくいものをおすすめします。

暮らしまわりの道具

大学に入学すると同時にひとり暮らしをはじめたのですが、最初に親が困らない程度に台所用品も用意してくれました。その中にはもちろん包丁もありましたが、食物栄養学科だったので、キャベツの千切りや大根のかつらむきなどの実技の試験があり、どうしても菜切り包丁がほしくなりました。そこで、どうせ買うなら気に入ったもの、長く使えるものをと、悩みに悩んで購入しました。学生のわたしには高級なものでしたが、その包丁で、はじめて野菜を切った感動はいまでも忘れられません。自分で選んだとびきりお気に入りのその包丁は、自分でちゃんと手入れをして大切に使い続けています。

そういう経験があるにもかかわらず、調理道具などを100円ショップやホームセンターで購入したことがあります。そうすると、「どうせ100円だし」とか「壊れたら買い換えればいいや」という気持ちが

オーブンシート

使い捨てを使うこともありますが、オーブン料理には何度でも洗って使えるガラス繊維でできたオーブンシートがおすすめ。使い捨てではないだけで、エコな気分にしてくれるところも好きです。

包丁

いちばん上の包丁は、もう20年くらい使っています。下のふたつは、数年前京都の「有次」で娘とふたりで購入した菜切り包丁とペティナイフ。ペティナイフなのに、和風テイストなつくりと切れ味のよさに大満足しています。

計量スプーン

お菓子づくりにはかかせない計量スプーン。塩やBPなど、少量をはかるのに便利な小さじ1/8もあります。

こころに生まれるのか、丁寧に扱わないんですよね。実際に使ってみると、使いづらかったりすぐに壊れてしまったりと、結局長くは使えずに、ごみになってしまいます。

　いい例がおろし金です。つい酷使してしまい、毎年のように買い換えていました。あるとき、何年も憧れ続けていた銅製のおろし金を手に入れたのですが、包丁と同じく、はじめて使ったときには感動しました。どうして早く購入しなかったんだろうと後悔もしました。10年以上経ったいまでも、研ぎ直しに出しながら使い続けています。

　調理道具に関して言えば、いいものは、料理をするときの気持ちよさや使いやすさに加え、効率も全然違いますし、見た目や食感などのできばえも変わってきます。そのものに憧れて悩み続ける時間も大好きですが、職人的なものや作家的なものは、使うたびに感動し、長く使い続けられます。そういったものにお金を使っていくと、調理道具に関してだけでなく、むだな買い物をしなくなるというか、本当に必要なものを選べるようになる気がしています。

計量カップ

すりきりをきちんとはかれる形のものが好きです。粉類の1/2カップがはかれる100ccカップがひとつあると便利です。

ヘラ

鍋底を混ぜるには、先が四角いヘラが便利です。ゴムベラはひとつはかならずほしい道具。ハンドルと一体型のものは、衛生的で使いやすいです。オレンジ色のものは、中にステンレスが入っているので、ねり混ぜる作業にも使えます。

塩壺

陶器の塩壺。壺が呼吸しているので、この壺に入れておくと、いつでもさらさらのお塩が使えます。多少湿った手で塩をつまんでも、さらさらをキープしてくれます。

器のこと

器選びは、わたしの唯一の趣味と言っても過言ではありません。うれしいことにわがやでは、器はいくつあっても困らないのです。いいなぁと思わせてくれる器は作家ものなので、同じような器でも、一つひとつ微妙に違うこともあり、一期一会の出合いだと思っています。同じものがほしくて追加注文しても、ちょっと違う感じのものが届きます。陶芸家の友人たちに尋ねると、使っている土は同じでも、そのときどきによって手が違うので、全く同じようにはできないとのことでした。もちろん、いつも同じものがつくれる作家さんもいるとは思いますが、料理と一緒で、そのときどきで微妙に違うものができあがってくるところが、機械ではなくひとがつくっていることが実感できて好きです。全く同じ器がまとめてほしい場合は、同じ時期に窯出ししたものをまとめて購入するようにしたほうが、正解だと思います。作家さんによっては、

木の器

素材となる木によって、色や丈夫さが違います。白木でなければ油を含んだものを盛りつけても大丈夫です。持ち運びにも便利なので、1枚あると重宝します。

マットな質感の器

穏やかフォルムとマットな感じの表情が素敵な器たち。縁の広い器に、ちょこんと盛りつけることで、豪華な一品に見せてくれます。

白い器

何を盛っても映える白い器。同じ白でも、きなりや青みがかったものなどさまざまあります。形もいろいろあると、とても便利です。

前につくっていたものはつくれないという方もいたりしますから。とは言え、使えなくて邪魔な存在になる器が増えると困るので、購入する際には、器に料理やお菓子を盛っている様子を想像したり器を手に取ったりして、悩みに悩みます。その悩んでいる時間もたのしいんです。

家族分ほしくなったりしますが、1枚割れると揃わなくなり、使いにくくなってしまうので、わたしは2枚くらいずつ購入することにしています。種類が違っても大きさが同じくらいならば、揃っていなくても、かえって盛りつけたものの表情が違って見えてたのしいものです。子どもは正直で、いちばんおいしそうに見える器を選んで自分の前に並べます。カレーやパスタなどは、家族でみんなお揃いの洋食器を使うイメージですが、わがやでは、食欲に合わせて、それぞれ違うお皿を使います。

薪窯の器

温かみのある風合いと目を引く色使いの器たち。手捻りのものは、形がユニークなものも多く、何をどのように盛りつけるか、想像力をかきたてられます。

子ども食器

白地に藍色のシンプルな器なので、何を盛っても合い、食べ終わる頃には動物たちが現れるかわいらしい器たち。子どもが喜ぶ顔が見たくて購入。

磁器の器

とても丈夫な磁器の器。すり鉢は溝が浅くて洗いやすく、そのまま食卓に並べられる美しさ。ちいさな片口のすり鉢は、液だれしにくいのでドレッシングポットにも使えるなど、とても実用的です。

かるべけいこ

1969年生まれ。福岡県出身。
自然食料理家、栄養士。
1994年に食の自給を目指して
夫婦で熊本県南阿蘇村に移住。
料理教室のほか、からだにやさしいクッキーや
加工品にファンが多い。一男一女の母。
本書の撮影は百姓を実践する夫で写真家の野中元。
著書に『自然がくれた愛情ごはん』
（アノニマスタジオ／刊　写真／野中元）がある。
http://www2.ocn.ne.jp/~karube

本書で使用した器等のお問い合わせ先一覧

くらしギャラリーぶどうのたね
〒839-1411福岡県うきは市浮羽町流川428
電話　0943-77-8667　ファックス　0943-77-5922
http://www.budounotane.com/

ギャルリ百草
〒507-0013岐阜県多治見市東栄町2-8-16
電話　0572-21-3368　ファックス　0572-21-3369
http://www.momogusa.com/

LOUTO
〒730-0802広島県広島市中区本川町2-1-13和光パレス21　1F
電話+ファックス　082-578-2534
http://louto33.blog33.fc2.com/

石原稔久窯
〒823-0015福岡県宮若市上有木1993
電話　0949-32-8545

陶房こばし
〒839-1331福岡県うきは市吉井町屋部621
電話　0943-76-5061
http://toubokobashi.blog111.fc2.com

沼田塾
電話　0943-77-2127
info@numatajuku.com

熊本有機の会　オーガニックはぁと
〒862-0909熊本県熊本市東区湖東2-1-3
電話　096-367-3500
http://www.yukinokai.co.jp/

※自然食品はクレヨンハウスでもお求めいただけます。
お問い合わせはクレヨンハウス東京店・野菜市場（電話　03-3406-6477）、
クレヨンハウス大阪店（電話　06-6330-6507）まで。

季節の恵みと身近な素材でつくる
かるべけいこの やさしいおやつ

発行日　2013年4月1日　初版
　　　　2013年10月25日　第2刷

料理　かるべけいこ
写真　野中元

発行人　落合恵子
発行　株式会社クレヨンハウス
〒107-8630
東京都港区北青山3-8-15
電話　03-3406-6372
ファックス　03-5485-7502
e-mail shuppan@crayonhouse.co.jp
URL http://www.crayonhouse.co.jp/

デザイン　三木俊一（文京図案室）
印刷　シナノ印刷株式会社

ISBN 978-4-86101-252-5
NDC 596　26×19cm　112ページ